Papas

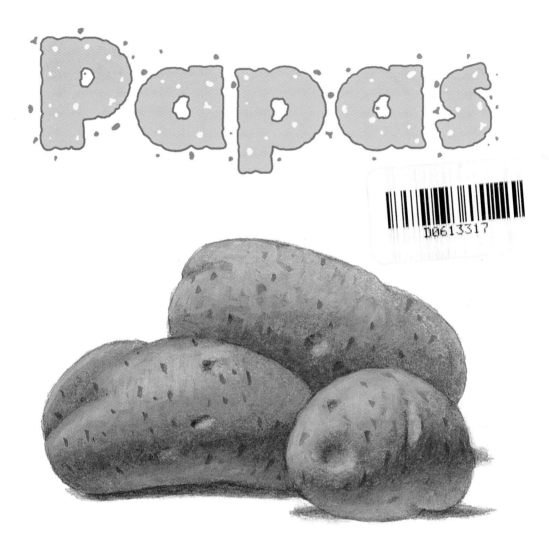

Lada Kratky
Ilustrado por Jon Goodell

HB®
HAMPTON-BROWN
Quien sabe dos lenguas vale por dos.®

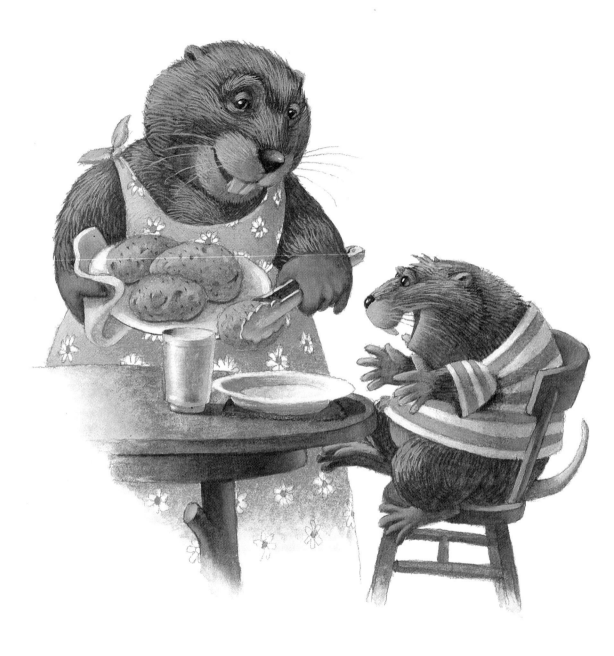

Una papa es para Pepe.

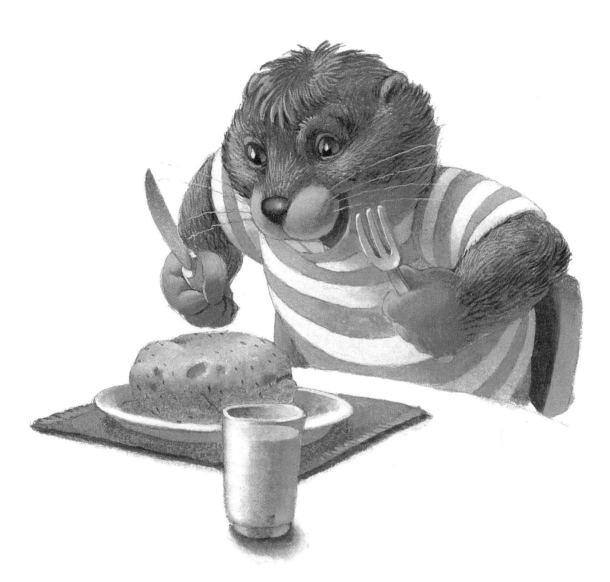

Mmmm. Me gusta la papa.

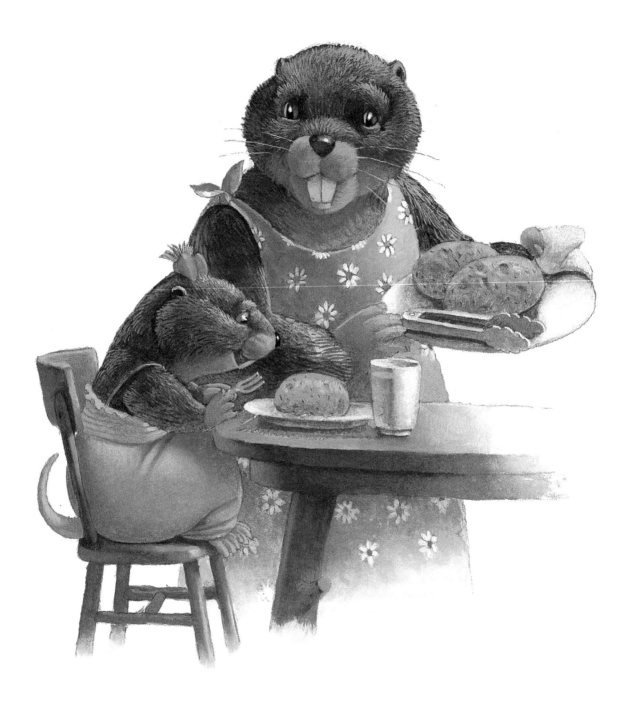

Una papa es para Ema.

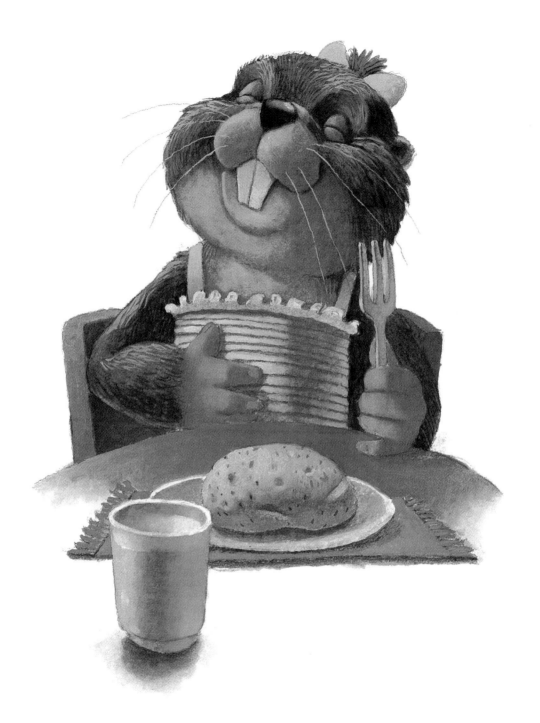

Mmmm. Me gusta la papa.

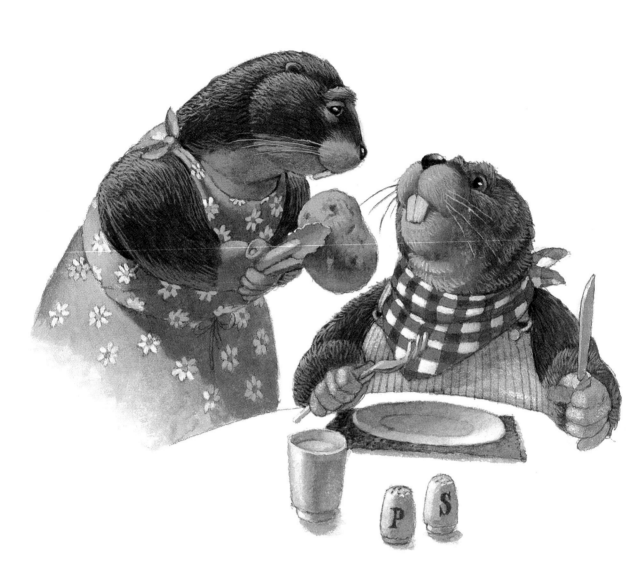

Una papa es para papi.

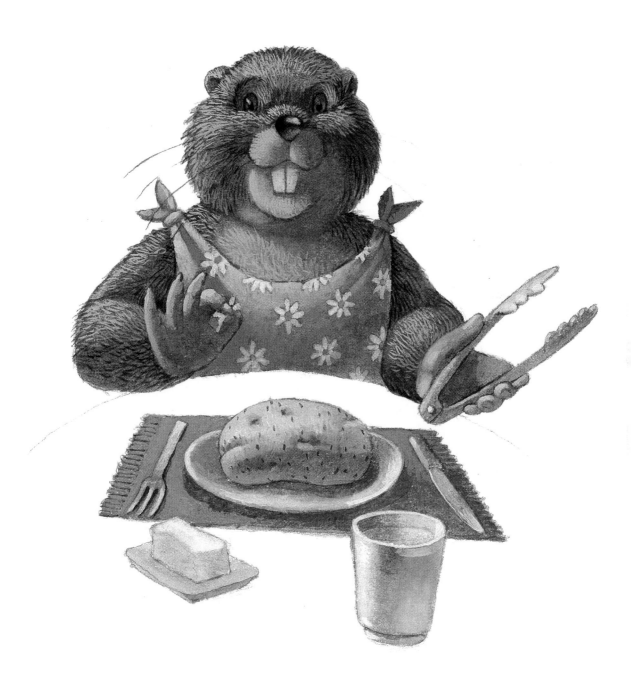

Una papa es para mí.

¡Mmmm!